PÉTITION

DE GEORGES

BEGG

Ci-devant chef du second bataillon du 92e régiment d'infanterie;

ET

SAUVEUR-FRANÇOIS-LOUIS

SHERLOCK

Ancien capitaine audit régiment, ex-commandant des côtes de l'Ouest de la 5.me division des armées des côtes de Brest et de Cherbourg réunies.

A LA

CONVENTION NATIONALE.

PÉTITION

DE GEORGES BEGG ci-devant chef du second bataillon du 92me régiment d'infanterie;

ET de SAUVEUR-FRANÇOIS-LOUIS SHERLOCK ancien capitaine audit régiment, ex-commandant des côtes de l'Ouest de la 5me division des armées des côtes de Brest et de Cherbourg réunies.

A LA CONVENTION NATIONALE.

REPRÉSENTANS DU PEUPLE FRANÇAIS,

Nous avons gémi long-tems dans les fers, victimes de la tyrannie que vous avez renversée. La liberté nous est rendue, mais nos malheurs ne sont pas réparés. Seuls avec notre amour pour la patrie, nous éprouvons la douleur de voir aux places honorables qui étaient dues à nos longs et fideles services, les auteurs des calomnies dirigées contre nous, les artisans des maux dont nous avons été

A

accablés. Notre innocence est livrée à l'abandon, notre courage à l'inaction ; le crime triomphe encore et insulte à notre infortune.

Nos postes sont occupés par des hommes parjures, par de lâches déserteurs suppôts des tyrans, et restes impurs de la faction qui a livré nos colonies aux anglais, et déchiré e sein de la république.

Représentans du peuple, votre sagesse a déjà cicatrisé les plaies de la patrie ; mais pour achever vos glorieux travaux, il reste à votre justice à venger les patriotes opprimés.

Les faits que nous allons retracer, prouveront la légitimité de nos plaintes, et la nécessité de les accueillir.

Le second bataillon du 92me régiment d'infanterie ci-devant régiment irlandais de Walsh, était en garnison au Cap français, Isle Saint-Domingue, lors des premiers troubles de cette colonie.

Au milieu des mouvemens révolutionnaires, ce brave bataillon resta calme, fidele à la discipline, et toujours prêt à réprimer les factieux.

Mais ceux-ci prodiguant l'or, les festins et les liqueurs enivrantes, parvinrent enfin à soulever les grenadiers, et à les affilier au club des jacobins féroces qui rédigeaient des listes de proscription.

Les grenadiers parcoururent les chambres des soldats et les engagerent par tous les moyens de la terreur et de la séduction, à signer ces listes fatales et bientôt tous les officiers du bataillon de Walsh et la majeure partie de ceux de la garnison du Cap furent inscrits sur ces listes pour être égorgés.

Sherlock, l'un de nous, était à la tête d'un détachement aux prises avec l'ennemi, au Morne du Cap, où il était attaqué toutes les nuits. A son départ, il avoit laissé le bataillon dans le calme; à son retour il sut qu'il devait être assassiné, et il n'échappa plusieurs fois à la mort que par sa fermeté.

Les grenadiers et sous-officiers qui excitaient le bataillon à la révolte, et qui s'étaient chargés de verser le sang de leurs officiers, étaient au nombre de 22. Plusieurs de ceux qu'ils avaient proscrits, épouvantés, et poursuivis se déguiserent en matelots et se retirèrent à la nouvelle Angleterre; d'autres plus fermes, resterent à leur poste, et continuèrent leur service avec exactitude. Ils eurent à essuyer les traitemens les plus injurieux, les plus cruels, auxquels ils opposerent sans cesse leur silence et leur poitrine. Dans les rues ils rencontraient leur effigie attachée à une lanterne ou à un poteau; tous auraient été inévitablement assassinés, si les armes qu'ils portaient en évidence n'en eussent imposé aux rebelles, aussi lâches qu'ils étaient feroces.

Fatigués de ces horreurs, nous nous rendimes avec plusieurs de nos camarades chez les commissaires civils. Nous protestâmes tous de notre dévouement au salut de la colonie, et au rétablissement du bon ordre, nous offrîmes de nous sacrifier nous-mêmes pour y parvenir, si les commissaires voulaient nous soutenir de leur autorité.

Mais ces commissaires d'accord avec Rochambeau alors gouverneur, en rendant justice à notre zele, crurent devoir nous éloigner de la colonie pour enlever tout prétexte de trouble aux séditieux. Ils nous donnerent un congé d'un an, avec appointemens pour nous rendre en France.

Quelques sous-officiers et soldats voulurent partager notre destinée, ils obtinrent des congés limités pour nous suivre. De ce nombre étoit Robert Burke que la reconnoissance nous oblige à désigner à l'estime publique. Il fut sans cesse fidele à ses devoirs et à ses supérieurs; nommé capitaine par le général Canclaux, il vient de recevoir le prix de ses services, de son patriotisme et de sa loyauté.

Arrivés à Paris, nous nous présentâmes chez le ministre de la guerre, mais quelle fut notre juste indignation en voyant un rôle sur lequel nous étions inscrits comme officiers destitués; les 22 rebelles aidés du club, avaient arraché après notre embarquement cet acte arbitraire à la faiblesse des commissaires civils. Nous étions sacrifiés en notre absence, à la fureur de nos ennemis. Nous étions remplacés, à notre insçu, par des hommes de couleur, et la liste infâme était arrivée avant nous, dans les bureaux du ministre.

Nous étions alors quatre officiers, et un sous-officier débarqués avec le même congé, et frappés de la même destitution, savoir, *Sherlock*, *Jean Clarke*, *Raymond Bourke*, *André Creag*, et *Pascal Bernhard*.

Nos réclamations contre une destitution aussi illégale qu'imprévue, furent inutiles auprès du ministre; seulement il promit d'écrire à Saint-Domingue pour avoir des éclaircissemens, et en attendant la réponse, nous devions vivre sans emploi et sans appointemens; nous eûmes recours à une autorité plus puissante et plus éclairée. La convention nationale écouta nos plaintes, et rendit le trente mai mil sept cent quatre-vingt-treize, le décret suivant.

La convention nationale après avoir entendu le rapport de son comité de la guerre, décrete:

ARTICLE PREMIER.

Les citoyens Louis Sherlock, Jean Clarke, Raymond Bourke, André Creag et Pascal Bernhard officiers au second bataillon du 92me régiment d'infanterie, en garnison au Cap français, sont conservés dans leurs places, avec l'expectative de l'avancement qu'ils mériteront par leur rang d'ancienneté.

ARTICLE DEUXIEME.

A compter du jour de la promulgation du présent décret, il leur est ordonné de rejoindre leur bataillon.

Article troisieme.

Le ministre est chargé de leur faire connaître le lieu de leur embarquement, et de leur faire payer leurs appointemens qui leur sont dûs depuis leur départ du Cap français.

Nous nous rendîmes aussi-tôt dans les différentes places maritimes qui nous furent désignées; en attendant notre embarquement, nous fîmes le service *à la suite*, chacun selon son grade; quelques-uns de nous avancèrent en grade, et furent faits officiers supérieurs; d'autres impatientés de ne point voir s'effectuer d'embarquement, passèrent dans des bataillons de volontaires et se rendirent aux frontieres.

On reçut enfin la nouvelle du combat et de l'incendie du Cap, arrivé le 20 juin 1793; cet événement raconté de diverses manieres, selon les passions de ceux qui arrivaient de la colonie, fit perdre notre embarquement de vue.

Begg l'un de nous fut mis en arrestation comme étant d'origine irlandaise, quoiqu'il eût servi en France depuis l'âge de 12 ans.

Sherlock était à Paris en vertu d'ordres ministériels, et autorisations du comité militaire.

Les vingt-deux soldats et sous-officiers révoltés qui avaient soulevé le second bataillon de notre régiment contre ses supérieurs; ces vingt-deux agens du club infernal, et qui avaient voulu nous faire assassiner, qui nous avaient pendus en effigie, qui gorgés de vin, de brigandages et de crimes, avaient opéré la dissolution d'un bataillon jusqu'alors irréprochable; ces vingt-deux scélérats n'ayant pas eu le courage de prendre les armes dans la fatale journée du 20 juin, quittèrent leurs drapeaux pour fuir un danger réel, et débarquèrent à Brest sans ordre et sans congé, sans aucun indice qui pût justifier leur désertion; de Brest ils furent envoyés à Port-Malo.

L'impudence compagne ordinaire du crime et de la lâcheté, les accompagnait encore et les servit à leur gré: ils présentèrent une pétition à Billaud-Varennes et Ruamps représentans du peuple en mission à Port-Malo... *Ils affirmèrent qu'ils étaient les seuls débris du second bataillon; il avait été entièrement détruit au Cap, dans la journée du 20 juin; ils ajoutèrent qu'ils avaient vu brûler leur drapeau et la caisse du régiment, et qu'ils ne s'en étaient séparés qu'après son entière dissolution.*

Cependant il existait à cette époque même un fond de bataillon à Saint Domingue, d'environ cent hommes et quatorze officiers.

Billaud et Ruamps, sans autre information, *et peut-être par une sorte de sympathie*, se sentirent d'abord de l'affection pour ces monstres, ils leur déclarèrent qu'ils formeraient en France *le noyau précieux* du second bataillon du 92ᵐᵉ régiment ci-devant Walsh; ils leur donnerent un drapeau, marque honorable de la fidélité, *qu'ils outrageaient par leur conduite*, cette formation eut lieu le 28 ventose l'an deuxieme.

La premiere réquisition de Dourdan, composée de jeunes gens d'élite, déja faite à la discipline militaire, servit à la réorganisation. Les vingt-deux se partagerent les places d'officiers de ce nouveau corps. *Ainsi parvinrent aux emplois, des hommes qui avaient lâchement abandonné leur drapeau, proscrits leurs officiers, méconnu la voix des autorités civiles et militaires.* Ainsi ont usurpé les places de leurs chefs, ceux qui avaient voulu les assassiner.

Déja ils ont été dénoncés *par un détachement du véritable second bataillon du 92ᵐᵉ régiment d'infanterie*, commandé par deux officiers, et arrivé en France, *munis de bons congés*, avec la flotte américaine. Ce détachement composé de vieux militaires fideles à leur devoir, appelle la vengeance des loix sur les traîtres, *il accuse les vingt-deux, d'avoir mis bas les armes, lâchement pris la fuite et abandonné leur drapeau :* il soutient enfin avec autant de raison que de vérité, que c'est à lui seul à former le noyau pour réorganiser le second bataillon dont il s'agit ; il gémit en attendant la justice qui lui est due, et sa plus grande douleur est de se trouver en subsistance près des vils

vils intrigans qui déshonorent son nom. (1).

Les vingt-deux n'ignoraient pas que leurs meilleurs officiers, échappés à leurs corps, attendaient en France le moment du retour dans la colonie; mais ils n'en parlèrent point dans leur pétition, ou bien ils les désignèrent comme destitués et déportés pour cause d'incivisme.

Un seul des officiers réintégrés par le décret du 30 mai mil sept cent quatre-vingt-treize, eut part aux faveurs de ces brigands; c'est *Pascal Bernhard*, le plus perfide des hommes, et dont l'ambition déguisée sous des dehors trompeurs, l'avait fait admettre parmi nous, pour venir de la colonie en France.

Sous l'ancien régime, il avait été cassé de son grade de sergent-major; il avoit été réintégré par l'indulgence de ses chefs, et de la plupart des jeunes officiers, qui avaient demandé grâce pour lui. Depuis il parut reconnaissant, et les vingt-deux le proscrivirent à Saint-Domingue; cet événement nous intéressa de plus en plus à son sort, et il dut à nos sollicitations, le grade de sous-lieutenant

---

(1) Nous apprenons à l'instant que nos malheureux campagnons dont nous soutenons la cause, lassés et ne pouvant plus souffrir d'être en subsistance auprès de ces scélérats, viennent d'être autorisés par les représentans du peuple à passer et faire le service provisoirement dans d'autres corps, en attendant la décision de cette affaire.

par brevet provisoire du gouverneur des isles sous le vent.

Ce fourbe avoit été sergent-major, et ensuite adjudant-sous-officier au régiment de Walsh, nous l'avions cru honnête homme et patriote; il n'etait ni l'un ni l'autre; aux sollicitations réunies de tous les officiers du régiment, trompés par son hypocrisie, il obtint comme nous un congé d'un an pour repasser en France, il fut destitué comme nous après notre embarquement, et nous le fîmes comprendre dans le décret qui nous a réintégrés dans nos fonctions; on va voir de quelle maniere il a reconnu notre attachement.

Tandis que nous étions employés dans les différens ports que le ministre nous avait désignés, et y faisions notre service, Bernhard se tenait tranquille dans une des meilleures auberges de Vannes, où il dépensoit au sein d'une vie molle, les appointemens que nous lui avions fait conserver.

Les chouans désoloient les environs de cette ville, et obligeaient la garnison et les citoyens à faire de fréquentes sorties; dans ces occasions Bernhard avait toujours une maladie ou une indisposition de commande pour être dispensé de prendre les armes. (1)

Dès qu'il fut informé que les vingt-deux étoient arrivés à Port-Malo, il s'y rendit, et sollicita bas-

---

(1) Nous tenons ce fait d'un fonctionnaire public, homme digne de foi.

sement leur suffrage pour être placé dans le nouveau bataillon.

Les brigands refuserent d'abord de l'admettre parmi eux ; ils feignirent de ne le pas croire digne d'un rassemblement aussi impur ; car ils l'avaient proscrit à Saint-Domingue, comme étant trop fidele à ses devoirs ; mais il sut leur prouver qu'il méritait d'entrer dans leur association ; enfin à force de bassesses et de perfidies, il se fit placer à la tête du nouveau bataillon dont il est en ce moment le chef.

Ce malheureux n'eut garde de parler de Begg et des autres officiers et sous-officiers avec lesquels il était venu en France ; *il dirigea toutes les nominations aux emplois, sans s'occuper de ses anciens chefs.*

Pour se faire des créatures, il écrivit à plusieurs sous-officiers du premier bataillon du 92.me régiment, et de différens autres corps, il leur fit donner des places d'officiers, au préjudice de ceux de l'ancien bataillon.

Sherlock, l'un de nous, a sur-tout à se plaindre de cet intrigant ; c'est Sherlock, qui fit toutes les démarches nécessaires pour solliciter le décret *du trente mai* qui a conservé à Bernhard ses appointemens et l'expectative de son avancement. Dans le cours de cette affaire, Bernhard lui écrivit plusieurs fois à Paris ; il savait donc bien sa demeure, il connaissait donc bien aussi ses droits ; car Begg étant en arrestation lors de la réorganisation du corps; Sherlock devait en être le chef, suivant les loix militaires, et Bégg en sortant de prison, avoit droit au grade de chef de brigade : hé bien ! Bernhard n'a point fait mention de Sherlock, il ne l'a point informé de la réorganisation (1); et pour le récompenser de ses soins, il a usurpé la place que les loix accordaient à son bienfaiteur.

Ce n'est pas tout encore; Bernhard sachant que Sherlock était nommé par le comité de salut public commandant temporaire des côtes de l'Ouest, de l'armée des côtes de Brest, dont le chef-lieu est à une lieue de distance du port Liberté, où se trouvait le nouveau bataillon; craignant les reproches et les réclamations de Sherlock, il le fit sourdement dénoncer au représentant du peuple, comme un aristocrate incurable, comme ayant voulu émigrer en 1791, comme entretenant des correspondances avec les chefs de la Vendée, comme facilitant aux émigrés et aux prêtres déportés leur rentrée en France, *par les lieux mêmes où il commandait*; ces dénonciations absurdes appuyées par

---

(1) Paschal vient d'écrire au comité militaire qu'il apprend avec étonnement *qu'on nommé Sherlock* (c'est ainsi qu'il le désigne) réclame le commandement de son bataillon; il pousse le délire jusqu'à sembler ne pas le connaître; il joint à sa lettre un certificat infiniment honorable pour Sherlock, puisqu'on n'y trouve que les signatures des infâmes intrigans que nous dénonçons; ils prétendent que Paschal Bernhard a seul le droit de les commander, et nous sommes parfaitement de leur avis.

plusieurs scélérats, amis de Bernhard, membres de la société des jacobins de Vannes, non encore régénérée, furent écoutées, mais elles n'eurent pas d'abord le succès qu'ils en attendaient.

Bernhard et ses complices savaient que Sherlock avait réclamé contre la formation du nouveau bataillon, qu'il avait écrit à ce sujet à la commission des armées et au comité de salut public; qu'il persistait à demander une nouvelle réorganisation, à réclamer l'épurement du bataillon, et la place de chef qui lui était due. Ces circonstances redoublèrent leurs fureurs.

Cependant Sherlock exerçait toujours ses fonctions, et pour arrêter le torrent des dénonciations, il écrivit au chef de l'état-major-général de l'armée qui le rassura par la lettre la plus amicale. Il se tranquillisa en effet, mais le danger alloit en croissant et devait bientôt faire évanouir la sécurité que donne une conscience sans reproche.

Le nouveau bataillon reçut ordre de partir du port de la Liberté, et de se rendre à Nantes, pour rejoindre le général Canclaux, et combattre les rebelles de la Vendée.

A son passage à Vannes Bernhard et ses complices renouvellèrent leurs dénonciations contre Sherlock; ils y intéressèrent tous les terroristes, encore membres du club de cette ville; un bureau fut ouvert pour recevoir des renseignemens : tous ceux qui pouvaient en donner, devaient s'y rendre, sous peine d'être traités comme suspects. Il est bon de dire ici, qu'alors la révolution du neuf thermidor s'était fait sentir à peine dans ce département, *et que les buveurs de sang y dominaient encore.*

Le complot réussit au gré de ses auteurs, *au gré de l'infâme Bernhard.* Sherlock fut destitué, arrêté, *et presque conduit à l'échafaud ;* les scellés furent apposés sur ses papiers ; heureusement cette opération fut surveillée par la probité, car l'intention des délateurs était de substituer des pieces fausses aux véritables : enfin, Sherlock n'a dû son salut et sa liberté qu'*aux attestations honorables qui lui furent prodiguées par les autorités civiles et militaires de son arrondissement, par tous les compagnons de ses travaux, par tous ceux qui avaient été à portée d'apprécier son zele et son patriotisme.* Les scellés levés chez lui, ont mis au jour une foule de preuves écrites de son attachement à remplir les fonctions aussi délicates que périlleuses qui lui avaient été confiées.

Voilà des faits dictés par la vérité même ; il nous reste quelques observations à faire sur la formation illégale du bataillon dont il s'agit, sur la violation de nos droits, sur l'usurpation de nos places et de celles de plusieurs officiers de l'ancien bataillon, que de lâches intrigans ont su écarter des postes que la loi leur assignait, *et qui gémissent presque tous dans l'oisiveté et la misere,* tandis que des déserteurs, des traîtres, des faiseurs de listes de proscription, *jouissent impudemment de leurs dépouilles.*

La formation du nouveau bataillon est vicieuse dans son principe et dans ses effets.

Elle est vicieuse dans son principe, parce que des déserteurs couverts de sang et d'infamie, se sont annoncés aux représentans du peuple, comme étant les seuls débris de l'ancien bataillon, et ont formé le noyau du bataillon réorganisé, tandis que les restes du véritable bataillon étaient à Saint-Domingue.

Elle est vicieuse dans ses effets, parce que les places dues aux anciens officiers du bataillon, toujours fideles à la patrie, ont été distribuées *aux vingt-deux soldats et sous-officiers rebelles.*

Nous ajouterons que cette formation emporte avec elle une tâche d'opprobre et d'infamie, parce que le plus lâche, le plus faux et le plus ingrat de tous les hommes, est le chef du bataillon prétendu réorganisé.

Telles sont les propositions que nous avons à défendre, et déjà tous les faits, toutes les circonstances de cette affaire les justifient.

Ce sont les ci-devant représentans du peuple Billaud et Ruamps, qui ont réorganisé ce bataillon. Leur autorité était légitime ; mais ils l'ont exercée dans une supposition dont la fausseté est évidente.

Les faits que nous avons retracés, sont aujourd'hui de notoriété publique. Les vingt-deux étaient des déserteurs, Bernhard était un intrigant perfide; et sur ces faits, il ne peut exister de doute, depuis que les véritables restes du second bataillon sont arrivés en France.

Or un acte légal considéré en lui-même ou dans sa forme, est vicieux, s'il a pour base une supposition fausse, et s'il part d'un principe que la loi désavoue.

Ainsi, pour purger le vice de la formation, il faudrait la recommencer; et au lieu de laisser les débris de l'ancien bataillon en subsistances, à la suite du nouveau, il conviendrait que les soldats et officiers du premier formassent le noyau, autour duquel le bataillon serait réorganisé, et par cette opération, aussi simple que juste, les intrigans, les déserteurs se verraient naturellement exclus par ceux à qui leurs services réels ont conservé l'expectative des grades.

L'esprit militaire y gagnerait également, car le sentiment qu'inspire un droit légitimement acquis, une opération légalement faite, raffermit le lien sacré de fraternité, de zele et de subordination sans lesquels il n'existe ni courage, ni émulation, ni discipline militaire.

Le vice de la réorganisation relativement à ces officiers, présente une multitude d'injustices d'un caractere si odieux, que le gouvernement s'en rendrait coupable lui-même, s'il les laissait subsister après en avoir été informé.

Les

(17)

Les officiers et sous-officiers, revenus en France en vertu de congés limités des commissaires civils et du gouverneur de la colonie, ont en leur faveur une loi positive : c'est le décret du trente mai mil sept cent quatre-vingt-treize, qui *les a conservé dans leurs places, avec l'expectative de l'avancement qu'ils mériteraient par leur rang d'ancienneté.*

Par l'article 2 de cette loi, *il leur est ordonné de rejoindre leur bataillon.*

Cependant ce bataillon a été réorganisé en France, et à l'exception de quelques sous-officiers, protégés par Bernhard (1), et qui ne sont pas compris nommément dans le décret du trente mai, *tous les officiers du bataillon se trouvent exclus des places que la loi leur assure : ils sont inutiles à la patrie, ils végètent dans l'obscurité et la misère, tandis que vingt-deux brigands, opprobres de l'ancien bataillon, et ceux-là mêmes qui par des proscriptions et des assassinats, avaient forcé leurs chefs à revenir en France, ont disposé de tous les*

---

(1) La commission des armées vient de recevoir une lettre d'un des sous-officiers, qui par faiblesse ou ignorance ont coopéré à cette formation ; dans cette lettre celui-ci désavoue souverainement, et proteste contre tout ce qui s'est fait, il réclame l'exécution des loix militaires et une nouvelle réorganisation conforme à la justice. Il se nomme d'Alpozzo.

Nous devons à la vérité de dire que d'A'pozzo fut toujours fidele à ses devoirs, et qu'il ne se porta jamais à aucun excès funeste.

C

emplois, ont pris les plus honorables pour eux-mêmes, et ont mis à leur tête un Bernhard, le plus lâche et le plus vil de tous les hommes.

Or, c'est la loi à la main que nous venons réclamer des droits si indignement violés et envahis. *Nous avons bien servi la patrie, et des traîtres occupent nos places que la loi même nous a garanties.* Il ne peut pas y avoir ici de question litigieuse. Ce n'est pas un procès que nous soutenons, c'est un droit légal et sacré que nous faisons valoir contre l'écume du crime, contre des hommes sans foi, sans probité et sans courage, contre des assassins, reste honteux de la tourbe infâme qui a incendié et ensanglanté la colonie et la métropole. Faut-il donc des argumens en forme pour établir un droit aussi évident?

Nous soutenons ici la cause *de tous nos camarades infortunés;* et lorsque, par une décision générale, justice leur sera rendue, *chacun d'eux se retrouvera naturellement à sa place.* Mais comme ils ne sont pas tous auprès de nous, nous ne particularisons en ce moment que ce qui nous concerne personnellement.

Begg, l'un de nous, était lieutenant-colonel, et commandait en chef le bataillon dans la colonie. Débarqué en France en vertu d'un congé, il n'y éprouva que des persécutions, et fut arbitrairement mis en arrestation comme étant d'origine étrangère, quoiqu'il servît en France depuis l'âge de douze ans; il est resté quatorze mois dans les cachots.

C'est pendant sa détention que le nouveau bataillon a été réorganisé, et suivant les loix militaires sur l'avancement, Begg étant par le fait privé de sa liberté, et ne pouvant occuper le grade de commandant, ce grade devait passer de droit à celui qui par son rang d'ancienneté y était appelé après lui.

Sherlock était dans ce cas ; les officiers qui auraient eu des droits sur lui, ayant été promus à des grades supérieurs, *il s'est trouvé le plus ancien officier de service dans le grade de capitaine du second bataillon du 92.me régiment, il était en pleine liberté, et employé à la suite de la place de Brest.* (1).

Begg, loin de contester ce droit inviolable, l'ap-

---

(1) Le 5 prairial, Sherlock reçut la lettre suivante de la commission de la marine et de défense des colonies.

« La commission te prévient, citoyen, qu'elle vient de
» donner ses ordres à l'agent maritime de Brest, pour qu'il
» te fasse faire le décompte de tes appointemens, à comp-
» ter du premier octobre 1793, (vieux style) époque à la-
» quelle tu as cessé d'en être payé à Paris, jusqu'au der-
» nier floréal, an 2.

» Il n'est plus question, au surplus, de ton retour à
» Saint-Domingue ; et *conformément à l'arrêté ci-joint*
» *du comité de salut public du 21 du mois dernier*, ce
» sera désormais la commission de l'organisation et du
» mouvement des armées de terre qui te fera payer tes ap-

puie lui-même, *parce qu'un droit ouvert ne peut s'effacer*, mais en rendant hommage à ce principe, *il est fondé à son tour à réclamer un grade supérieur*, le grade de chef de brigade que la justice nationale lui doit *pour quarante-quatre années de service*; et à cet égard la loi appuie également sa réclamation, *elle veut qu'un officier suspendu et réhabilité dans ses fonctions, obtienne le grade auquel l'aurait porté son ancienneté, s'il fut resté à son poste.*

» pointemens, et *qui s'occupera des moyens de l'em-
» ployer le plus utilement pour le service de la ré-
» publique.*

Salut et fraternité.

Signé d'*Albarade.* »

Suit l'arrêté du 21 floréal.

Le comité de salut public arrête :

1°. Que les officiers des différens corps des troupes employés dans les colonies qui se trouvent en France par congé ou autrement, ne seront pas renvoyés dans lesdites colonies, leur présence y devenant inutile, attendu la réduction considérable que ces différens corps ont éprouvé.

2°. Le traitement dont ils jouissaient, et qui leur était payé par la commission de marine et de défense des colonies, cessera à la fin du présent mois de floréal, an 2.

3°. Que la commission de l'organisation et du mouvement des troupes de terre s'occupera sur-le-champ des moyens d'employer ces officiers en Europe de la manière la plus utile pour le service de la république.

Signé B. *Barère, Carnot, R. Lindet Billaud-Varennes, Couthon, Robespierre, Collot-d'Herbois, C. A. Prieur.*

Or, Begg étant reconnu innocent, et n'ayant été emprisonné que parce qu'il était né en Irlande, *étant un patriote persécuté, muni de certificats de civisme et d'honorable conduite militaire*, a des droits incontestables au grade qu'il réclame.

C'est le vingt-huit ventose de l'an deuxième, que le bataillon a été réorganisé, et sans doute à cette époque il devait exister un chef de bataillon avoué par la loi.

Ce chef n'était point Begg, puisqu'il était en arrestation, et ne pouvait en remplir les fonctions.

Ce chef légal n'était pas Bernhard *simple sous-lieutenant provisoire*, et non encore confirmé dans ce grade.

Le chef légal était donc *le plus ancien officier de service dans le grade de capitaine* qui se trouvait alors en France. Or, Sherlock remplissait seul ces deux conditions : il était chef légal du bataillon réorganisé, *sauf l'avancement de Begg, lorsqu'il serait mis en liberté*.

Nous ne terminerons point ce mémoire, sans recommander à la justice nationale le brave Raymond Bourke, réintégré comme nous par le décret du trente mai mil sept cent quatre-vingt-treize, et qui se trouve sans emploi.

Après tant d'infortunes et de dangers soufferts, parce que nous avons fidèlement servi la patrie, parce que nous n'avons cessé d'être incorruptibles dans nos fonctions, après avoir été persécutés, pros-

(22)

crits et *conduits en quelque sorte au pied de l'é-chafaud*, comme ennemis inflexibles de l'anarchie et du terrorisme, nous devons espérer enfin d'obtenir justice ; nous pouvons espérer que le comité militaire, nanti depuis long-tems de toutes les pieces de cette malheureuse affaire, voudra bien en faire son rapport à la convention, qui s'empressant de nous rendre justice, épurera un bataillon qui a bien mérité de la patrie, en expulsera les brigands qui le déshonorent, et remplira à notre égard le vœu de la loi, en portant chacun de nous à la place qui lui est due.

E G G.

SHERLOCK.

De l'imprimerie de LE NORMANT, rue du Muséum

www.ingramcontent.com/pod-product-compliance
Lightning Source LLC
Chambersburg PA
CBHW070526050426
42451CB00013B/2874